JN064837

55歳からの 哲学・宗教の言葉

Immanuel Kant, Max Scheler, Edith Stein, Carl Hilty, Teresia Abulensis

カント、シェーラー、シュタイン、ヒルティ、アビラのテレジア

船木祝
FUNAKI Shuku

論創社

主な引用文献

引用について

カントの著書、レフレクシオーン、講義録からの引用は、すべて『アカデミー版カント全集』(Kant's Gesammelte Schriften, hrsg. v. Königlich Preußische Akademie der Wissenschaften (und Nachfolgern), Berlin 1900ff.)による。ローマ数字がその巻数を、アラビア数字がページ数を示す。『純粋理性批判』からの引用は、第二版(一七八七年)をBとし、ページ数の前にBを付す。レフレクシオーンからの引用は、『レフレクシオーン』という略号に番号を付し、アカデミー版の巻数とページ数を示す。

カントの著作、遺稿及び講義録

Logik Blomberg『ブロンベルク論理学』

Logik Philippi『フィリッピー論理学』

Anthropologie Parow『パロウ人間学』

Menschenkunde『人間知』

Moralphilosophie Collins『コリンズ道徳哲学』

Wiener Logik『ウィーン論理学』

Kritik der reinen Vernunft, 1781/1787『純粋理性批判』

シェーラーの著作

Vom Umsturz der Werte　『価値の転倒』（『マックス・シェーラー著作集4』）

Schriften zur Soziologie und Weltanschauungslehre　『社会学および世界観学論集』（＝『社会学論集』）
（『マックス・シェーラー著作集9』）

Der Formalismus in der Ethik und die materiale Wertethik　『倫理学における形式主義と実質的価値倫理学』

（＝『形式主義』）（『マックス・シェーラー著作集３』）

シュタインの著作

Beiträge zur philosophischen Begründung der Psychologie und der Geisteswissenschaften 『心理学および精神科学の哲学的根本論集』（＝『心理学論集』）

Endliches und ewiges Sein. Versuch eines Aufstiegs zum Sinn des Seins 『有限なる存在と永遠なる存在』（＝『有限なる存在』）

Kreuzeswissenschaft 『十字架の学問』

Der Aufbau der menschlichen Person. Vorlesung zur philosophischen Anthropologie 『人間の人格の構造—哲学的人間学講義』（＝『人格の構造』）

ヒルティの著作

『幸福論（第二部）』（草間平作・大和耕太郎訳）

（アビラの）テレジアの著作

『イエズスの聖テレジア自叙伝』（＝『自叙伝』）（東京女子カルメル会訳）

はじめに

人生全体を見据えて生き方を考え直す、人生の折り返し地点を55歳としました。仕事、家庭生活、社会生活での変化、そして、老いや死も見据えながら、今後の生活の軸となるような考え方を哲学・宗教者の言葉から集めてみました。ドイツの哲学者イマヌエル・カント（Immanuel Kant, 一七二四～一八〇四）、ドイツの哲学者マックス・シェーラー（Max Scheler, 一八七四～一九二八）、ドイツの哲学者、修道士であるエディット・シュタイン（Edith Stein, 一八九一～一九四二）、スイスの法学者、思想家であるカール・ヒルティ（Carl Hilty, 一八三三～一九〇九）、スペインの神秘家であるテレジア（Teresia Abulensis, 一五一五～一五八二）の言葉に触れると、こころが動かされ、中から自分の言葉が出てきます。それらをできる限り、わかりやすく表現することを試みました。

昨年刊行の、拙著『カントの思考の漸次的発展――その「仮象性」と「蓋然性」』（論創社）、『響き合う哲学と医療』（中西出版）は、どちらかと言えば専門家向けでしたので、もう少し幅広く中高年の人たちに、手にとっていただければと思い、本書を執筆しました。

とりあげる思想家は、不確実な状況下での態度のとりかた、苦悩への向き合い方、他者受容のあり方、憂い・恐怖との向き合い方、人間関係のあり方について、現代の私たちにも響いてくる言葉を残しています。とくに新型コロナウイルス感染症拡大下において先行きが見通せない状況、退職などの職業上の変化、病・別れを通じての、介護や独居といった家庭生活での変化も見据えて人生全体を捉え直そうとするときに、これらの思想家は考えるヒントを与えてくれます。

どちらかと言えば、苦難の底にある状況で最初の一歩を踏み出すときの後押しになるような言葉です。さまざまな栄養・運動・趣味・社会活動参加を論じる一歩手前の苦悩の中で、なんらかの出口を見出せないかというときのヒントになるような言葉です。一見ネガティブな言葉が羅列されますが、苦悩の底をのぞき込むことで、不思議とこころがふわっと上向きに動かされます。

カントは次のように言います。

たとえ自分たちのために良く考えてくれる者の下であっても、「他者の傾向性に従って幸福であろうとする人は、つねに不幸である」（『人間知』、XXV 1143）

どんな専門家の言葉であっても、それに盲目的にしたがうならば、人は不幸になる、と。人の考え方はさまざまです。本書の哲学者・宗教者の言葉は、自省を促すものです。本書の言葉を参考に、最終的にはそれぞれが、自由に思考の羽を羽ばたかせていただければ幸いです。

船木　祝

55歳からの哲学・宗教の言葉
カント、シェーラー、シュタイン、ヒルティ、アビラのテレジア

目 次

第4章 憂い・恐怖に向き合う　69

ヒルティの『幸福論』から学ぶ

第5章　他罰志向の人間関係の変化——95
アビラのテレジアの神秘思想

第1章

不確実な状況において、どのような態度をとればいいか

カントの論理学講義・人間学講義

不確実な事柄を扱う場合に求められる規則

すべての事柄について必ずしも確実に認識できるわけではありません。不確実な出来事に遭遇した場合、どのような態度をとればいいのでしょうか。不確実性の領域であやまりに陥ってしまう現象を、ドイツの哲学者イマヌエル・カント（Immanuel Kant, 一七二四〜一八〇四）は「仮象性（かしょうせい）」と名づけます。

「根拠について、真理のより大きな、もしくはより小さな度合いがあるかを探求しないで真と見なすことは仮象性である」（『ブロンベルク論理学』XXIV 143）

仮象性とは、不確実な事象であるにもかかわらず、十分な探求をしないまま、自分の主張を真と考えることだと言います。だからカントによれば、不確実な事象について論ずる場合、第一に心がけるべき規則は、自分がいま有している認識が不確実であると意識することなのです。

「第一の規則はこうである。すなわち、すべての、とくに真の認識においては、人は何よりもまず、不十分な根拠から生じたり、生じるうる不確実性を意識しようとしなくてはならない」（同書、XXIV 194）

不確実な事柄について、自分の主張が不確実であるということを意識せずに、反対陣営の主張よりも自分たちの方により大きな真理があると思い込んでしまうことを、カントは「信じ込み」と呼びます。

「……単なる仮象性からの判断が〔信じ込みである〕（〔〕内、筆者挿入）」（同書、XXIV 143）。

「ここ〔＝信じ込み〕においては、人は、反対の根拠の方が真理のより大きな度合いを有するのではないかということを探求することなしに、ある認識に賛同するた

めの真理のありとあらゆる度合いを想定する。……こうした信じ込みは、一種の眩惑である。というのも、そこでは人は常に一方の側面だけを考察して、他方の側面はいささかの熟考もしないからである。このことはきわめて有害である」（同書、XXIV 143-144）。

信じ込んだ状態が有害であるのは、自分たちの主張にとどまってしまい、反対の主張について精査しながらさらなる探求をすることを、やめてしまう点にあります。

不確実な事柄については、どうしても自分たちだけでは真理に近づいていくことができません。そこで、不確実な事柄については、自分たちの主張を公表し、批判を仰ぎ、自らの認識を是正し、視野を拡げていくことが求められます。

「第二の基準は、われわれの主観の認識と他の主観の認識との一致である。あらゆる人に妥当するものは一般に真であり、単に私的妥当性を有するものは仮象であ

る」（『フィリッピー論理学』XXIV 389）

「人は判断を知らせること、すなわち、判断を晒すことが必要である。それに対する万人の洞察のいかなる妨げもしない、ということである」（『ブロンベルク論理学』XXIV 93）

「われわれの臆見に対する他者の賛同、そして、他者の意向に即したわれわれの思考の吟味は、他者の悟性を頼りにするというわれわれの悟性のきわめて卓越した論理的試みである。人間は正しく判定しうるためにも、認識のこうした伝達、及びコミュニケーションを大いに必要とするのである」（同書、XXIV 150）

こうしたカントの見解には、カントの生きたドイツ啓蒙思想時代の思潮が反映しています。当時の人々が、不確実な事柄について意見交換し、活発に議論していこうとの姿勢をもっていたことがわかります。人間理性の認識には有限性があります。だから、他者の理性の前に自らの主張を晒して、批判を仰ぎ自らの主張を是正するとともに、自らの気づきえなかった点を指摘された場合、自らの主張を補足しつつ、一歩一歩真理に近づくことが求められます。

カントは、自らの論理学講義の底本として、同時代人のゲオルグ・フリードリッヒ・マイヤー（Georg Friedrich Meier, 一七一八～一七七七）の『論理学綱要』（一七五二年）を用いました。同書の一〇〇節では、「部分的真と偽（veritas et falsitas partiales）」の概念が扱われています。私たちの多くの認識は一部は真、一部は偽である、と（『論理学綱領』§ 100, S. 25 [XVI 263]）。マイヤーは、この言葉を発しているとき、たとえば、「さまざまな宗教の学説体系」（同書、§ 100, S. 25 [XVI 264]）や、さまざまな専門家における自分たちの学説体系においても、偽の側面を認めようとしない激情や党派性を念頭に置いています（vgl.〔参照〕『大論理学』§ 128, S. 142）。当該節に関する、カント遺稿中の論理学についての自筆メモでは、部分的真理に対立するものとして、誤謬（ごびゅう）である「仮象性」が明確に対置されています（vgl.『レフレクシオーン』二二〇九番（XVI 272））。私たちの主張の多くは一部は真であり、一部は偽であります。他者の主張にも一部の真理があります。だから、私たちは不確実性の領域においては、自分たちの反対の主張の中にも、真理の一端を見出そうとする姿勢が求められるのです。

最後の試金石

しかし、私たちの判断が、気に入るか気に入らないかの快・不快の感情に左右されるとき、仮説にすぎない自説に対する執拗な執着である「強情さ」が、目立ってきます。カントは次のように警告します。

「ここでの確実性は単なる感情に基づく。あるものが誰かを満足させる、あるいは不満にさせるかに応じて、それは受け入れられたり退けられたりするのである。このように人間の心情は多くの眩惑とまやかしに服している。つまり、あるものが気に入っているからといってそれを確実と見なしたり、気に入らない、不愉快にするからといってそれを不確実と見なすようなことがたびたび起こるからである」（『ブロンベルク論理学』XXIV 198）

「……いかなる仮説に対しても強情に（hartnäckig）執着してはならない。人がその偽や不確実性を洞察するや否やそのまま進ませることはできなくなるからである」
（同書、XXIV 224）

反対の主張が通ることに強い不快感を感じて、自説を執拗に曲げようとはしないことがあります。それどころか、最初から、相手を反駁しようと身構え、相手の主張に耳を傾けようとさえしないこともあります。敵対者も同じように論拠を持って推論しようとしているということに、気を回そうとしません。

こうした強情さは手ごわいものであって、不確実性を意識するようにとの、また、批判的精神で議論すべきとの行為規則を提示しても、なかなかその緩和の効き目がありません。そこでカントは、最終手段として「賭け」に訴えるのです。地球外生命体の存在の可能性がひとつの例にあげられ、賭けについての叙述がなされます。

「賭け（Wette）は、他者が信じるものを堅固な信仰で真と見なし……ているかを試みる手立てである。賭けをしようとしない者は、あることを大胆に主張しようとはするが、そのために犠牲を払おうとはしない。一ドゥカーテン〔当時の金貨〕ですら賭けようとしない者が多い。二ドゥカーテンになればもう、人は賭けからおじけづく」(『ウィーン論理学』XXIV 852–853)
「なんらかの経験による決定が可能であるとするならば、われわれのみるところの少なくともいずれかの惑星において住民がいるということに対して、私は私の所有するすべてを賭けたいとさえ思う。それゆえ他の世界にも住民がいるということは、単なる臆見ではなく、強い信仰であると言える(このことの正当性のために私は生涯の多くの利益を賭けるであろう)」(『純粋理性批判』B 853)

カントがこうした極端な賭けに訴えるのは、人間の理性の根底には、誠実に振る舞う「良心性(Gewissenhaftigkeit)」があると信じているからです(vgl.『レフレクシオーン』2629番(XVI 443))。私たちは、事柄の判断においては、間違うことがあるでしょう。しかしカントによれば、自分の主張を正しいと思って主張しているかという意識においては、間違ってはならないのです。たとえ、表面的には強情に正しいと主張しているとしても、本当に自分が正しいと思って主張しているのかという意識が問われます。他の人がそう言っているからとか、一部の説ではそう言われているからとか、そう言っておけば非難されないとかというだけで主張している場合、たとえ、強い主張が演じられるとしても、本当に自分自身がそう考えて正しいと思っているかはわかりません。カントの言う賭けは、そうした表面にある固い甲羅を壊そうとしてきます。そして、多元的で十分な情報を精査して、自分で誠実に判断するように促すのです。

幸福の概念の変遷

幸福とは何かは、カントにとり生涯にわたるテーマでした。その概念に、紆余曲折を経て取り組んでいます。そこでは、一貫した考え方を生涯にわたって保持する態度ではなく、考察の変遷が見られます。四〇代後半から五〇代前半頃のカントは次のように述べています。

「たとえ若干の苦痛によって安らぎが妨げられるようなことがあったとしても、人は健康な状態であれば満足する（zufrieden）ことができる。それは人生が全体として気に入るからである」（『パロウ人間学』XXV 369）

「内的満足と晴朗な心」という心的状態に到達するためには、何よりもまず、「自分からも他者からも一切の非難がなされる心配がない」ことが必要である（『コリンズ道徳哲学』XXVII 250）

人生全体に対する見通しに基づいて有徳に生きれば、人は、自分自身からも他者からも「利口に行為してこなかった」との非難を免れることができる（同書、XXVII 250 u. 352 f.）

「有徳である方が悪徳であるよりも全体として見れば……有用である」（『パロウ人間学』XXV 403）

幸福についてのカントの考察の特徴は、人生全体から見て判断するということにあります。この時期のカントは、幸福の要素として、「健康」と「他者から非難される心配がないこと」をあげています。そのためにも、有徳に生きた方がいいと言っています。悪徳に生きるとすれば、短期的にはよく見えても、中・長期的には、生活がうまくいかなくなったとき、人から非難を浴び、いっときの満足感が大幅に減じるからです。規律正しく生きれば、健康を害する可能性も低くなるでしょうし、晴れやかな気持ちを最終的にもちうると言えるでしょう。だからこの時期のカントは、生活を律し、人から非難されないように振る舞えば、幸福な人生が送れると考えていたのです。

しかし、五〇代後半から六〇代はじめ頃のカントの語調は変わります。

「人が人生を享受したとしても、また、可能な限り良い健康状態で享受したとしても、すべては労力に値しないように見える」（『人間知』XXV 1079）
われわれは苦労を重ねる人生を送っても、「終りにわれわれの身に何が迫ってい

るのかを知らない」（同書、XXV 1075）

　ここには、カント自身の人生感情が吐露されています。カント自身、とても規則正しい生活を送って、可能な限り健康を維持し、人から非難されないよう、有徳な生活を心がけてきたと思われます。しかし、どんなに個人として利口に振る舞っても、必ずしも他者がよい反応をしてくれるとは限りません。こちらとしてはうまくやっているつもりでも、他者から思わぬ非難を浴びるかもしれません。他者の思惑はコントロールできないのです。それに、年齢を重ねてみると、なにかすべてが労力に値しなかったような虚しさを感じ、高齢になっていけば、さらに自分にどんな運命が待ち受けているかもしれません。幸福の客観的概念を確立しようとのカントの意図は挫折します。

「幸福は一種の理想であり、もし幸福が……われわれのすべての傾向性の完全な満足を意味するとするならば、……われわれはいかなる幸福の概念も作り出すことはできない」（同書、XXV 1081）

このように幸福の客観的概念をしりぞけたのち、それでは、私たちは自分たちの幸福について、どのような姿勢をもって考えていけばいいのでしょうか。カントは、次のように述べます。

たとえ自分たちのために良く考えてくれる者の下であっても、「他者の傾向性に従って幸福であろうとする人は、つねに不幸である」（同書、1143）

この言葉に戸惑ってしまうかもしれません。こうしたらいいでしょうという、どんな専門家や周囲の人たちの助言であっても、それにしたがって幸福に生きようとする人は、つねに不幸であるとカントは言うのです。先行きが見通せない場合はとくに、専門家や周囲の人たちの考えを聞いて、そのとおりに生きようとする場合がよくあります。しかし、カントによれば、専門家でも確実なことがわからない場合、その意見に従うからといって、幸福な生活が待っているとは限らないのです。他者は、その知識や経験値に基づいて語っているため、その意見がそのまま、多様な個々の人に当てはまるとは限りません。カントは、他者の意見を参考にしながらも、最終的には各人が自分の幸福の基準を形づくることを求めます。周囲の者も、自分たちの意見をけっして断定的には語らず、人間それぞれの生き方を尊重するような配慮も求められます。カントの言葉は一見、消極的に見えますが、専門家であっても幸福について確実なことは認識できていないのだから、最終的には自分で自分の幸せについては主体的に決めていいのだという積極的メッセージなのです。

人生と活動

このように、人生の総和として快が苦を上回るという幸福概念についての考察が挫折したのち、カントはその意味を問います。五〇代後半から六〇代はじめ頃のカントは人生全体について、次のように描写しています。

「われわれの人生は……きわめて長く続く苦痛と、苦痛と結びついた快楽」で満たされている（同書、XXV 1073）

「快楽における人生は短く、……苦痛における人生は長い」、「これ〔苦痛〕が正しい人生感情」である（同書、XXV 1074）

それでは、幸福の感覚をもつことができないのでしょうか。カントは、私たちに求められる幸福の瞬間を以下のような形で認めています。

「幸福」とは「苦痛からの解放」である（同書、XXV 1075）

「快楽」は、「〔苦痛の〕突然の終結のうちにのみある」（同書、XXV 1073）

私たちはこうすれば幸福な状態を手に入れられると期待して行動します。しかし、成果や反応が思ったとおりの結果にならなかったとき、かえって失望してしまいます。カントはむしろ、苦痛を織り込み済みのものとして、人生航路を歩むことを勧めます。

何かを「喜びをもって引き受けることは子供じみたことである」（同書、XXV 1083）

人は「ただ苦痛を出発点とすることだけができる」（同書、XXV 1070）

なにかいいことが待っていそうだとして、成果や反応を期待して人生を歩むのではなく、苦痛があることを覚悟して物事を一歩一歩進めていくことが求められます。そうすると、苦痛の状態が思いがけず去ったとき、幸せの瞬間を味わうのです。そのときは霧が晴れたような、すがすがしく軽やかな心的状態を経験することでしょう。しかしよりによって、どうして、人生の心構えとして苦痛を甘受しなくてはならないのでしょうか。その意味をカントは次のように説きます。

われわれは「活動的存在」に創られている（同書、XXV 1071）

「苦痛」はわれわれを「活動」へと駆り立てる拍車なのである（同書、XXV 1075）

「苦痛」があるからこそ、われわれはその状態を脱して、「新たな状態を求めるように」駆り立てられる（同書、XXV 1074 f.）

カントによれば、人生に苦痛が組み込まれているのは、私たちが活動的存在に創られているからなのです。あわよくばなにもせず、のんびりと楽をして暮らせたらどんなにいいだろうと夢見ることもあるでしょう。しかし、人生の航路には、その時期に応じてさまざまな課題が与えられ、じっと手をこまねいていることができません。苦痛があるからこそ、じっとしていられず、いても立ってもいられなくなり、なにか打開策を講じようと身を乗り出します。そのあと、新しい世界が開けていきます。

第2章

苦悩の意味と周囲の人たちのあり方

シェーラーにおける
苦悩の分析、共同体論、孤独についての考え方

苦悩の受容

願わくば、苦悩のない人生を送りたいと思います。しかし、この人生では病、事故、災害、死別等、ときに避けがたい運命が私たちを襲ってくることがあります。このような苦悩に対して、どのように向き合えばいいのでしょうか。それから逃れようと目をつぶった方がいいのか、それともそうした苦悩を正面から受け止めた方がいいのでしょうか。ドイツの哲学者マックス・シェーラー（Max Scheler, 一八七四～一九二八）は、意志の力で、苦悩を克服できる体験だけではなく、そもそも逃れたい、忘れたいと思っても、どうしても波のように押し寄せてくる苦悩の体験があると言います。

「……苦痛は感覚の周辺圏に接近する度合いに応じて、意志的に回避されうる」（『社会学論集』65. 邦訳、103）

「……病、貧困、死、愛する者の喪失、等々……は、人間的体験としての不快・苦

痛・苦悩という成分をまったくはるかに上まわる多くのものを包括している」（同書、60. 邦訳、95）

表層的なストレスや苦痛は、運動やリラックス、趣味、おしゃべり等さまざまな活動を通じて、軽減していくことができます。しかし、人生には、さまざまな活動によってだけでは、軽減できない苦悩体験もあります。むしろ、そうした苦悩体験は、否定しようとすればするほど、大きな塊となって追いかけてきます。

「……それにぶつかると砕け散るような苦悩の深みや苦悩の強さというものがある」

苦悩を否定する試みは、かえって「苦悩を追い立て寄せ集め圧縮し、いわば客体のない、もろもろの気持ちのなかで漂う塊にまで仕立てる」（同書、64. 邦訳、101）「苦悩は逃亡者が逃げ足を速めれば速めるほどいよいよ近づいてくる」（同書、64. 邦訳、102）

忘れよう、逃れようとすればするほど、いっとき離れていくようなことがあっても、ふたたびさらに大きな塊となって押し寄せてくる苦悩というものが人生にあります。このようなとき、苦悩に向き合い、その渦の中に入っていくことが、嵐がなぐ場所を見出せるきっかけになります。シェーラーは、自分の中にくすぶっている感情を吐露することが、苦悩の緊張状態が和らぐきっかけになるとも言います。

「苦痛は苦痛、禍は禍」であることを否定せずに率直に認め、その感情を吐露することが、「苦痛と苦悩の端的な認容による、……緊張緩和である」（同書、68. 邦訳、108－109）

こころの奥に押し込めていた深い悲しみに蓋をせず、それを自ら認め、また信頼できる存在に吐露することで、悲しみの塊が溶けていく経験があります。

苦悩の意味

それにしてもどうして、私たちの人生にはこのような苦悩があるのでしょうか。苦悩のない生の設計はどうしてなされていないのでしょうか。シェーラーの哲学的分析は、苦悩に対して「庇護の体験」と「共同体への覚醒」という二つの意味を見出します。

「……肉体と地上の財とが次々に崩壊してゆく光景のまっただなかで……庇護されて救われている……」という意識をもつことができる（同書、70. 邦訳、112）

苦悩の甘受の瞬間、「高次の事物の秩序から、……まったく新しい力の泉が湧き出てくる」（同書、68. 邦訳、109）

「……苦痛なしに愛と結合（共同体）を……望むことができない」（同書、46. 邦訳、72）。

苦悩によって、「人間と人間の相互依存性は高められ、……ますます緊密になっ

ていく……」（同書、48. 邦訳、76）

苦悩の瞬間、人間を越えた存在から護られているという感覚を体験することがあります。自分がちっぽけな存在に見え、雄大な自然や歴史の流れの中に、溶け込んでいくとき、絶望の淵から思いもかけない助け手が現われてくるときがあります。また、苦悩のまっただ中にいる自分から多くの人が離れていく中、近くに寄り添って支えてくれる人が現われるときもあります。そのようなとき、一歩踏み出そうとの力がわき出てきます。

苦しみの体験をした後、いままで見えていなかった、多くの苦しむ人がこの世界にいることに気づかされます。幸せの高揚感にかられているときは、そうした存在になかなか目が行き届きません。逆説的ではありますが、苦悩を通じてはじめて、人は人との結びつきのありがたさ、貴重さを認識するのでしょう。

共同体形成の困難な時代

普段、苦悩の方には目を向けず、なるべく楽しいことに注意を向けようとします。しかし、私たちの共同体にはさまざまな苦悩に苦しむ人たちが多くいます。苦難に襲われている人たちを集団の中から排除してしまうと、そうした人たちは、実際の身体的、物理的苦しみだけではなく、人間関係における精神的苦しみにも見舞われます。理性的判断力もあり、心身が健康でいる間はいいように見えるかもしれませんが、いつ何時、不意に病、事故、災害等に襲われるかしれません。そうしたとき、私たち自身が集団から排除される存在になってしまいます。それにしても、苦しむ人たちを排除せず、相互に支え合う共同体の形成はどうして困難なのでしょうか。シェーラーは、その背景として、近代以降の文明社会の「快楽主義」と「自己責任」の理念をあげます。

「快楽主義が——あるときはオプティミズムとして、見受けるところの快楽の収支

決算書の正数のスコアをもって、……――歴史のなかで行なったような、人間的生命の快楽と苦痛の〈量的〉計算量は、……いっそう高い立場の考量からすれば、方法としてすでに矛盾しているように見える」（同書、47. 邦訳、73）

「……文明人において、みずからの生活の営為に対するあの自己責任によって……不可避的に生じるあの孤立化、孤独、不確かさ、また、共同体や伝統や自然からの疎外、憂慮、また生の不安からはじめて起こってくる苦悩が、深い苦悩なのである」（同書、49. 邦訳、77）。

このように、シェーラーは、近代以降の文明人が抱えている、二つの問題を指摘しています。ひとつは、いきすぎた快楽主義が、表層的なさまざまな快楽に私たちの目を向けさせてきたことです。このことによって、苦悩に苦しむ人たちから極力、目を逸らすように仕向けられてきました。それだけではなく、表面的には吹き荒れている嵐の中での、深い次元における、人との響き合いによる喜びの体験を見失ってきました。二つめに、行動に対して自己に対して責任の意識を本人がもつことは重要です。しかし、自分のことは自分で決定し、自ら責任をとるという理念がいきすぎたことによって、多くの問題の責任を個人に負わせる風潮が高まり、あえてコミットして困っている人たちと関係をもっていくことに躊躇する人が多い時代になってきました。そして、困難に見舞われている人たちだけではなく、そうした周囲の人々も、孤立や孤独、不確かさなどに強く悩むようになってきました。

共同体形成への道

それどころか、不運に見舞われている人たちを見て、自分にはそうしたことが起きないでよかったとほっとしたり、自分の方がましだとの優越感をもってしまうことがあります。

人は、「おのれ自身とおのれの意志を頼りにする」（『価値の転倒』、22. 邦訳、33 -

34）

「……『自分の力で獲得したもの』や『おのれの力から生成したもの』の価値」が優先される（同書、25. 邦訳、38）

「……世界と価値が彼の自我……に集約される」

他の人の不幸を見ても、「その不幸を喜ぶのであって、……自分の方がどれほどましであるかという感じを与える」（同書、22 - 23. 邦訳、34）

各個人が自分の利益に集中し、関わりのない人たちが不運に襲われていても、落ちていく様子を喜び、自分にそういうことが起きなくてよかったとの安心感に浸るメンバーが前面に出る社会は、健全な状態であるとは言いがたいです。

苦しむ人に寄り添うための道

それでは、苦しむ人に寄り添うためにどのような道を辿ればいいのでしょうか。シェーラーは、「緊張の道」と「くつろぎの道」という二つの道を比較して、後者に真の共同体形成のためのひとつの道筋を見出します。

「第一の道は、精神と意志の緊張の道すなわち集中の道であり、……『合理主義』ならびに『自己解放』や『自己矯正』や『自己完全化』の道徳はすべて、この方向に基づく」

「いま一つの道は、精神と意志のくつろぎの道すなわち膨張の道であり、だらけて無活動な態度をとるときでも、世界や神や人間その他の生きものを……自我に自動的に縛りつけている糸を、ますます切断してゆく道である」（同書、22. 邦訳33）

緊張の道は、自己完成化をめざして、自己改良を繰り返していく道です。私たちの生活では、むしろよしとされ推奨されている道です。自己完全化をめざしているため、他の人にはなるべく自分の弱さを知られないようにしなくてはなりません。うまくいけば、周囲からも世間からも評価を受け、ますます勢力の拡大をしていくことができるでしょう。しかし、計画通りにいかないような苦難に見舞われたとき、そうした展望は閉ざされます。

この二つの道について、「誇り」と「謙遜」という二つの概念を用いて、叙述が続けられます。

「……自我をますます狭く孤立させ、価値意識を単なる自我点にますます強く固定してゆく誇り」がある（同書、19. 邦訳、28）

「この〔そうした高慢な〕人の価値界は刻一刻曇らされてゆくが、それは、彼の見てとる価値がすべて、彼には自分の自己価値を奪う盗賊や泥棒のように思われるからである」（同書、21. 邦訳、32）

「謙遜は、……魂がくつろぐことを可能にする魂の深いわざである」(同書、22. 邦訳、33)

「謙遜こそ、まったく功績がなく一切のものが贈りものであり奇蹟であることから出発して、一切のものを獲得せしめるものなのだ」(同書、21. 邦訳、32)

「……光と空気、海と花が存在すること、……われわれに足と手と目があるということは、……いかにいっそうすばらしくいっそう感謝すべきものであるかということ、このことを謙遜は感得可能にするのだ」(同書、21-22. 邦訳、32 - 33)

他者からの評判や社会での地位は重要なものではありますが、それに集中しすぎることによって、見失う世界もあります。誇りがいずこより高らかにそびえ立つのは快適なことかもしませんが、そのとき世界がさまざまな人によりさまざまな価値に彩られていくことに盲目になります。さりげない日常の普通の暮らしのなかで、目に映る自然の美しさにこころがくつろぐ幸せもあります。むしろ、そのくつろぎの道の門をくぐろうと決心したひとは、不信ではなく、信頼の交わりがあることに気づかされるでしょう。

社会人格と秘奥人格

私たちは、社会の構成員としての人格だけではなく、社会生活と離れた孤独な人格としても存在しています。それをシェーラーは、「社会人格」と「秘奥人格」として区別し、後者に孤独の価値を見出そうとします。

「人格は身体的ならびに心理的に秘奥圏と社会圏をもち、個体性は秘奥的個体性であるのとまったく同様に社会的個体性である」（『形式主義』、564. 邦訳、294）

「……各人は、成員としての地位の全体……の背後になお、この全体を超え出たところの固有の自己存在（自己価値、自己無価値）が突出しているのを感知し、この自己存在において各人は自己が……孤独であることを知る」（同書、563. 邦訳、293）

「……孤独圏（Sphäre der Einsamkeit）が……社会的関係のうちに……消失すると想定することは不合理である」（同書、564-565. 邦訳、295）

日々の生活に忙殺されていると、ひとりぼっちの自分に気づかず、社会での課業や人間関係に頭はいっぱいになります。しかし、シェーラーは、そうした社会的成員としての側面だけではなく、各個人には、それとは別の孤独の自己がありうると言います。両者の領域の調和に各人は努める必要があります。そして、孤独は、一人暮らしであることとは関係なく、むしろ社会生活や家庭生活において感じられるものだと言われます。

「孤独は客観的な『独居』と関わりあいがないのであって、孤独の感情は独居のときよりもじつにはるかに頻繁に利益社会のただ中に、それどころか……共同体関係（友人関係、夫婦関係、家族）のうちにももっとも純粋に出現する」（同書、564. 邦訳、295）

孤独の価値

ひとりであることを苦痛とする孤独感が強い場合、その苦痛を緩和するために、さまざまな交わりや人との結びつきの機会をつくれるよう配慮しなくてはなりません。一方で、周りに人に囲まれているとき、かえって、自分のことを理解してもらおう、認めてもらおうと期待してしまいます。そして、自分の期待どおりの反応が得られないとき、あるいは交わりに入っていけないとき、ひとりでいるときよりも強い孤独感を感じることがあります。ただし、人間はもともと孤独な側面をもつ存在であって、他者との交わりだけでは解消しきれない欲求があるのです。秘奥人格はむしろ、他の人からの評価を越えた次元に存在しているのであって、そこでこそ各個人に個性的な呼びかけがなされると言われます。

「……絶対的に秘奥的な人格は他からのすべての可能的な認識と評価……から永遠に超越的である」（同書、571. 邦訳、305）

そこで、「汝、在るところのものに成れ（Werde der du bist）」、「汝にとってこれが善である」という「ひとりこの〔私という〕人格に対する呼びかけ」を聞き取るのである（同書、495. 邦訳、187 - 188）

孤独を感じる瞬間、たしかに辛い気持ちも生じますが、その感情を受け止めて、ひとりぼっちの自分に向きあうと、「あなたはこれをするためにある」という声がどこからか聞こえてきます。シェーラーの言う孤独は、私たちに個性を認知させ、勇気づける積極的なものなのです。

人を裁かない

人間には、社会的な側面とは別に、こうしたひとりひとりに異なる内奥的な側面があります。そこには他者から計り知れないような事情、苦悩、悔い、挫折、希望等が秘めています。だから、ある個人の人格の一部分を見て、その全人格を否定するような裁きの姿勢は、不可能なことをしようとしているため、理に合わないとシェーラーは言います。

「……有限人格が他者の倫理的価値の価値と無価値について最終妥当的に裁くことはすべて内に不条理を含んでいる」

「……有限人格には他者の絶対的に秘奥的な人格領域を認識することはつねに必然的に欠けている」

「……最終妥当的に倫理的な評価をすることを相互に抑制することは有限人格の義務である」（同書、572. 邦訳、307）

第3章

人間の本質に基づく他者受容の道

シュタインによる共同体形成の道案内

他者に寄り添うことの困難

ドイツの哲学者、修道士であるエディット・シュタイン（Edith Stein, 一八九一～一九四二）は、苦難に見舞われている人たちに寄り添うことを困難にしている背景に、「社会の風潮」と「心的感染」と「排他性」の三つをあげます。

「共同体の体験の風潮は、……多数を占める個別的主体の意識に由来する、個人の体験とは別に構築される」（『心理学論集』、119）

「取り巻く環境の怒り、憤慨、……憎悪に、私は感染する」

「……それらの感情は中身が空洞で、もろいものである。……しかし、不当な性格が自らを貫徹するということも起こりうる」

「自己の洞察に基づいた適切な判断の代わりに、それらを盲目的に借用する」（同書、223）

「……利益社会には排他性が備わっている。よそ者を排除するということがその内的連関性の感情の要素になっている」（同書、241）

私たちは、どうしても周囲の環境の影響を受けます。周囲が、攻撃的であったり、差別的であったり、監視・詮索を通じて他者に対して憎悪をむき出しにしているような環境に持続的に置かれれば、自分ではそうした体験をしていないとしても、同調して口合わせをしかねません。実のところ中身の空洞のそれらの感情に突き動かされて、一見、社会がその意見に支配されているかの様相を示すことがあります。人は、自分での体験に基づき、自ら判断するのではなく、周囲の判断を盲目的に採用してしまうのです。そして、攻撃や差別の対象とされた人たちを、共同体から排除することによって、自分たちの集団の結束を固めようとします。そうした環境に置かれれば、個人として、そうした差別・排除に苦しむ人たちに寄り添うことが困難になります。

個人の対象化と自己顕示欲

社会において、相手の能力や利用価値があるかどうかを観察し、そのうえで関係のあり方を決める態度が前面に出ています。この現象をシュタインは「対象化」として描写します。

社会において人は、「……他者に対して、対象として向かい、……それを調査し、その獲得した認識に基づいて、……意図する結果を引き出そうとする」（同書、111）

このような態度が、社会に蔓延すれば、有用価値のない人たちと支え合って生きていくことは後回しにされてしまいます。取り残された人たちは、ますます社会から疎外されていくことになりかねません。

また、このような環境に置かれ続けると、人は、自分の力量を等身大以上に見せようとする顕示欲が強くなります。するとかえって、他の人に映る自己にばかり気を配り、もともっていた本来の姿を見失うことになります。

「……自己を価値ある者と認めさせようとの衝動はよくある」
「これは、本来の自己の誤った像を発生させる、欺瞞の源泉となる」
「こうして、他者に映る外の像から、自己の姿を見ることや、実に外から見た自己の形成が、……幅をきかせ、自己本来の本質が覆い隠されてしまうのである」（『有限なる存在』、521）

ただたんに、周囲と歩調を合わせて、うまくやっていこうとして築きあげる自己の姿は、本来の自己の姿からますます遠のいていくことになります。

人間の惨めな状態

自分たちの枠に入っていない人たちを排除することによって、一見、守られた集団において暮らす人々の側も、さまざまな惨めさに苦しんでいることをシュタインは指摘します。

> 人は、「世間の事物によってさまざまなみじめさ（Armseligkeit）に苦しまなくてはならない」
>
> たとえば、「欺瞞、……情欲、批判したくなる傾向、暇つぶしなど」である（『十字架の学問』、72）
>
> これらの状態にとどまり続けると、「憂鬱、恐怖、憎悪、大胆な希望、名誉欲への傾向」、さらに、「誇り、貪欲、嫉妬、怒りなど」の感情が根づく（同書、72-73）

異質な者を排除することにより守ろうとしていた集団において、安心して暮らしていけるというのは幻想です。自分たちが引いた枠に収まり切らない人たちをよそ者扱いにする態度が支配的になると、人は自分たちだけは排除されまいとして、他者の前に映る自己を誇示し、自分たちの立場を守ろうとします。一方、なにか適合していない人があれば、手ぐすね引いて引きずり落とそうとする、嫉妬や怒りに取り憑かれた人たちも増加します。

人間の本質

それでもシュタインは、こうした現象は人間の本来の姿を具現しているものではないと言います。人間は、本来、周囲と分かち合って生きていこうという希求を持った存在なのだと言います。

人間の「身体的、精神的、霊的全構成体の核」に当たるところの人間の魂は、

「本性上、……他者と存在を分かち合うように仕立てられている」（『有限なる存在』、400, 501）

「……人間性は、その霊（Geist）の本性からして、共同体の生へと招かれている」（同書、425）

他者受容への道

それでは、周囲の人たちと分かち合い、共同体のメンバーを攻撃・差別・排除し合わないで、真の共同体の形成に一歩一歩向かうためにはいったいどうすればいいのでしょうか。シュタインはさまざまな道を示します。

「……体を調えることによって魂の力が新たな補給を繰り返しうることもある」

「照り輝く太陽の光、晴天に輝く空、晴れ渡る風景、快活な子供たちの笑い声、元

気づける言葉、これらすべてが魂の新たな命を目覚めさせることもある」
魂の力の補給が「彼我（ひが）の世界からの流入によって与えられることもある」（同書、**367**）

疲れがたまっている場合には、休息をとったり、食事や運動で体調を上向きにすることで、気にしていたことが軽くなっていくことがあります。自然の光、明るさ、揺れ動き、美しさなどに触れることや、子どもたちの笑い声を耳にすることや、魂に響く言葉に触れることによって、本来の自己の願望に気づくこともあります。また、自我や人間を越えるような自然やいのちの源泉から鼓舞される力を受け取ることもあるかもしれません。しかしシュタインは、霧が晴れる状態は一時的なものであって、日常の雑事に戻ると、また以前の怒り、不安、恐れなどの感情がわき上がってくると言います。

魂のこれらの「内的なものへの滞在は長くは続かない。外的世界への傾向は……再び強くなる」

人間は毎日のように「内的知覚、経験、観察の対象にかかずらうに十分な素材」をもっており、そこでは「多くの人にとって残りの世界より自我が重要」になる（同書、372-373）

もうひとつ別の道

そこでシュタインは、人と分かち合うという人間の本性の開花につながるためのもうひとつ別の道を指し示します。

あなたのしなくてはならないことだから、あなたはできるはずであるという「人格への呼びかけ」を聴く（同書、369）

「……自我は本来の場所を魂の空間に見出す。そこにおいてはじめて平安の場を見出す」

「最も深い魂の地点であって、その地点からのみ、魂は最も重要な決断をすることができ、何かのために身を投じることができる。このすべての働きは人格の働きである」（『人格の構造』、86）
「一時的なものへの囚われから自らを開放する者は、それらのものを真の価値に応じてとらえる」（『十字架の学問』、83）
「この安らぐ性質と本来的性格の素質は、……人格の核に組み込まれている」
「魂の内的力は世間によって弱められれば、……効力が無くなり、現れなくなる」（『心理学論集』、198）
「……本来の素質の発展が外的状況に拠って阻まれている」（同書、223-224）

もうひとつの道は、それぞれの人格固有の使命にかかわることです。普段、日常の雑務に追われている中ではなかなか気づきにくい、私への呼びかけが、落ち着いた静かな状態にこころを整える瞬間に聞こえてくることがあります。シュタインはなにも人間の欲求を否定しているのではありません。評判、競争などの外面的なものをいったん度外視し、安らぐこころの状態においては、そうしたさまざまな欲求もそれらに割り当てられている地位に落ち着くと言います。

自由

こころの奥深くにある本来のその人の姿は、外面的なものを抜きに、何かのために身を投じている姿です。しかし、ふたたび外面での評価や圧力にその声が塞がれてしまえば、私たちの内面に潜んでいる姿は表に出てきません。

そこには外面と本来の声とのせめぎ合いがあります。したがって、塞いでくる力に負けずに、自己本来の声に従おうとする瞬間、人間の自由がもっとも発揮される瞬間なのです。

「……もうひとつ別の入り口は、……私の意のままになるはずの力と私の自由との

関係のうちにある」（『有限なる存在』、374）
「外から内に侵入してくるこの〔人格における〕知らせは、一定の態勢において、声の調子として、魂に感じられる」
この声への応答こそは、「自由な所業」なのである（同書、369）

もうひとつの道の入り口で進むか退くかのせめぎ合いの瞬間を逃さず、その入り口の向こうにある世界に応答しようとする態度こそが、シュタインによれば、自由を示します。この呼びかけは、他者との関係にかかわることとも言われます。

人間の本質の開花

呼びかけは、共同体の「他の成員との関係において展開可能な」人間の本質に関係する（同書、425）

「……他の人格への献身の衝動は、……生命の共同体やまだ維持されている性質の共同体を目指す。……これと反対の態度は、他者の特異性に尻込みし、自らのこころを閉ざすことである」

「他者の特異性に尻込みし自らのこころを閉ざす」ならば、その人の本性の開花は望めない（『心理学論集』、226）

もともとあった他者のために身を献げたいとの衝動は、幾度となく無視されたり、期待外れであったり、揚げ足をとられたりといった経験をするなかで、こころの奥にしまわれることがあります。もう余計なことはしない方がいい、他者と積極的に交わらない方がいいと自分に言い聞かせてしまうことが多いでしょう。しかしシュタインは、引き返さずに、もう一度他者との交わりに一歩踏み出してほしいと言います。それは、他の人たちとの関係において展開される人間の本質の開花がそこにかかっているからなのです。したがって、他者に対してこころを閉ざしてしまうことは、人間の本性の開花が停滞することになりかねません。

こころを開くこと

シュタインは、他者に対してこころを開くことをあきらめないように説きます。こころを閉ざしてしまうと、本来その人が展開していくべき固有の本質を発揮できないままになります。シュタインは、オープンになるということを「対象の世界に対してオープンになる」ことと「精神的世界のつながりの中でオープンになる」ことと二つに分けて描写します。

「対象の世界に対してオープンになることは……個人の孤立を解消しない」「別の意味においてオープンになることは、個人の孤立を解消する。すなわち、精神的世界のつながりに入っていく」（同書、247）

相互に対象化し、相手を利用価値で値踏みし、そのうえで関係のあり方が決まっていく対象の世界とは別次元のまなざしでつながり合う世界があります。その中で、こころを開いていくことによって、人々の孤立感が解消され、相互の結びつきが深まっていきます。

覚悟

たとえ、人との精神的なつながりを築こうと外に出て行っても、必ずしもよろこばしい経験をするわけではありません。それどころか、さまざまな困難に遭遇することがあると言われます。

「自分が軽蔑され、過小評価される」こと、この世で「もっとも味気ないこと」を選ばなくてはならないこと、「まったく見捨てられる」ことがある（『十字架の学問』、19, 54-55）

それでも、「他者に身を委ねてこころを開く」ことが求められる（『有限なる存在』、382）

「……人間の魂は、自由な精神性に基づいて、相互にこころを開き、そして委ねることで、他者を受容することができる」

この道は「けっして完全なものにはならないが、……それでも多少とも拡がっていくのである」（同書、430）

対象を分析、計算し、利害を判断したうえで人と交わっていくあり方とは別の道を進むと決意しても、軽視されたり、見放されたといったような経験をするかもしれません。それでも、シュタインはその道を進み、他者を信頼して、事の成り行きに委ねていくことを勧めます。すると、お互いに受容し合える瞬間が、ある人たちとめばえるかもしれません。その道程はけっして完全なものにはなりませんが、そうした人の輪が少しずつ拡がっていくのです。

第4章

憂い・恐怖に向き合う

ヒルティの『幸福論』から学ぶ

憂い（Sorge）の意味

心配や不安に押しつぶされるような毎日を送っていると、できれば、いっさいの憂いのない生活があればと望みます。しかし、スイスの法学者、思想家であるカール・ヒルティ（Carl Hilty, 一八三三〜一九〇九）は、日常的な気がかりや心配といった憂いのない生活は私たち人間にはありえないと言います。

「憂いなしには、人間生活はありえない。憂いをもちながら、いや、しばしば多くの憂いを負いながら、こころ憂うることなく生きること、これこそまさにわれわれが修めるべき生活技術である」（『幸福論』第二部より〔以下、同様〕、44）

私たちは憂いとともに生きなくてはならない、憂いを飼い慣らしていかなくてはなりません。よりによって、私たち人間は憂いをもつ宿命にどうしてあるのでしょうか。憂いをもたねばならない理由を、ヒルティは三つあげます。一つは「傲慢や軽薄にならぬため」、二つめに「他人に対して同情を持つことができるため」、三つめに「神を信じてその助けを求めることを力強くわれわれに教えてくれるのは、ただ憂いのみだからである」、と(45)。

いっさいの憂いがなければ、私たちはたしかに有頂天になり、場合によっては、人を見下したり、深く思慮することなく、いつも単なる思いつきでものごとを進めていくことになりかねません。また、あまりにも調子がいいことばかりが続くとしたら、困窮や病等に苦しんでいる他の人に心を寄せるどころか、そうした人たちを視界に入れなかったり、自分たちの快適な生活を脅かす者として憎悪の感情をもつこともありえます。そして、ヒルティによれば、不安や心配でいっぱいのとき、人間は神の存在を感知しうると言います。不安や心配の思いのたけを大いなる存在の前で表現したとき、それを受け止めてもらえる感触、和らげてくれる感触をもつ瞬間、人ははじめて大いなる存在を経験すると言います。

憂いに対する対処法

それでも、ヒルティは、憂いに対する対処法を三つ示します。すなわち、「勇気と忍耐」、「祈り」、「足るを知ること」です。

「勇気と忍耐」に関しては、次のように言われます。

「……いかなる困難も、われわれがそれに対してしっかり身構えをし、実際にそれを自分に引き受けてしまうと、直ちにそれは消え失せることが多い」（49）

困難が降り注いでくる瞬間は、周章狼狽し、不安の波が押し寄せ、どうにもならないと思ってしまいます。しかし、困難をいったん思い切って引き受けてしまうと、大きな波は和らぎ、引いていきます。大きな波に襲われると、人は慌てふためいてなんとかしようともがいてしまいます。しかし、そういうときこそ、ヒルティは忍耐が試されると言います。

「一見こちらに不利に見え、不都合と思われるものが、後にはこちらの目的にかなっていることがわかったりする。また逆に、いわゆる幸運な出来事が、あとから見ると、たとえ有害ではないまでも、一向利益にならないこともある」（49）

私たちの視野は限られているため、中・長期的な視点で物事が見れません。とくに困難が降りかかってきたとき、すぐにでも対策をとって、打開したいと思うかもしれません。そういうときこそ、状況の動きを見守る忍耐が試されることもあります。

「祈り」に関しては、ヒルティは特別な形式を説くのではなく、その心情の純粋さや強さを問います。

「ここでわたしは祈りについて論文を書くつもりはない。まちがいなく言えること

は、祈りをするにはまず信仰が必要であり、また一方、ひとは全意志をもって、全精神力を一点に集中して、神に帰依することが必要である」（52）

苦悩の瞬間、さまざまな段取り、思惑がそぎ落とされ、切にひとり大いなる存在や自分を超えた存在の前に立ちすくむことがあるでしょう。そのときはじめて純粋な祈りの瞬間があるのかもしれません。

「足るを知る」ことは、ヒルティによれば、とくに経済的憂いに対する手段となります。

「多くの人々は、たえず享楽を増大してゆくことが人生の目的だと考え、またある種の贅沢は教養の要求であり、その目印であると思っている。しかし……憂いや、往々それよりもさらに悪いものを、自分の生活のなかから排除したいと願うならば、……享楽の哲学をみずから進んで捨て去ることが必要であろう」（55‐56）

金持ちになったり、贅沢することが、一見多くの憂いから人間を解放してくれると思われるかもしれませんが、逆に、過度に財産を増やせば増やすほど、憂いが大きくなり、さらには焦燥、不信、怒り等の感情につきまとわれると言います。これは逆説的な現象です。

恐怖（Furcht）がなくなる瞬間

「……正しい人生はすべて戦いであって、不断の平安ではない」
「人間は、何よりもまず恐れることのなきものにされねばならぬ」（70）

ある特定の状況や対象に対する心的反応である恐怖のない状態はありうるのでしょうか。たしかに、それは常時ある状態ではないでしょう。しかし、恐れの霧が途切れる瞬間があります。それをヒルティは「この地上で与えられる大きな慰め」（71）と言います。

このような「内的幸福」の瞬間があると言うのです（72）。私たちは、そのような道にたどり着きたいと内心思ってはいても、日常の自己の利害損得に翻弄される思いとは「別様には考えられない、と思い込んでい」ます（72）。また、人生の道が「たえまない苦しみと戦いとの連続である」という描写は誇張です。「実際において、はるかに容易な道」だとヒルティは言います（76）。それも「遁世を求めることなく、この世のまっただなかにおいて」可能とされます（76）。

外からの圧力や恐怖から逃れて、ひとり、またはごく少数の人たちと静かに暮らしたいとの願望に駆られることもあるでしょう。このようなとき、ヒルティは、いまある生活圏にとどまることを求めるのです。この生活圏の中で、恐怖の念が途切れる経験を積み重ねていくことが必要だと言うのです。しかも、それは人が想像するより、はるかに容易な道である、と。

恐怖のない生活のための道

ただし、ヒルティは、恐怖のない生活への途上に立つためには、三つのものを諦めなくてはならないと言います。

「……原則的に捨て去らなければならないものは、享楽と富と、名誉と、そして人間への依頼心とである」（73‐74）

いきすぎた財産への欲求、人からことさらに誉れを受けたいとの欲求、そして、他人が自分の思い通りに動いてくれるとの願望、これらを断念することが試されます。人生の途上のいずれかの瞬間、これらを断ち切ることが問われるのです。こうした諦念とは、「原則的に」と言われるように、そうありたいと心根にありながらも、いったりきたり紆余曲折を経ながら、どこかで飛び越えていける境地なのかもしれません。

弱さの意識の意義

「自分が強いという感情は、たえずそういう気分に陶酔したがる人間の傲慢におもねるものであって、真の内的進歩をうながすよりも、むしろそれを妨げるものである」(83)

私たちの生活では、自律や自己実現が叫ばれ、人間は強くあらねばならないという意識が幅をきかせます。その声は重要なことですが、それがいきすぎると、人に自分の弱みを見せてはいけない、と思ってしまいます。弱みを見せてしまうと、ときに、非難、攻撃、軽蔑の対象にされるのではないか、と感じてしまうこともあります。しかし、ヒルティは弱さの意識には、「傲慢」と「虚栄心」という二つの意識を絶やす意義があると言います。

「傲慢、そしてその腹ちがいの姉妹であって、しかもずっと下らぬ虚栄心、この二

つを根こそぎにたやしてしまうには、ある期間中たえまなくうちつづく困難な運命に圧倒され、ついにその結果として生ずる深刻な持続的な弱さの感情によるほかはない」（82）

なにか八方ふさがりのように見えて、自分の無力を感じる瞬間、人は重い圧をかけられたような心境に陥ります。心が揺れ動き、くじけてしまいそうになる自分の弱さにどうしようもなくなってしまいます。そういう瞬間には、たしかに、自分の思い通りに強硬に物事を進めようとか、何ごともないかのように、大丈夫なふりをする気力もありません。ヒルティによれば、人間の自我の防衛的壁が壊され、その奥にある真実の自己に行き着くには、ときに、不意を突かれる運命に打ち砕かれることも避けがたいことです。そういう運命の嵐をなんとかくぐり抜けた暁に、人は、人生の揺らがない拠点を見出します。

他人の評価について

人は、他の人を外面的なさまざまな性質に基づいて評価します。外見や地位、収入、業績、態度、言葉などによって。しかし、ヒルティは他人を評価することの困難について述べます。経験や知識、情報に基づく自分のもつ尺度で、他人を評価しますが、それは非常に困難な作業です。それは、そうした「他人とまったく同じような個人は一人もいない」（92）からです。生まれ育った経験も、手にしている知識も情報も異なる他人をそう安易に評価することはできません。ヒルティは、他人を正当に評価できる前提条件として、「自主性」と「利己心のできる限りの除去」をあげます。

「……人間を知ることは、人を観察する者がまず確かな自主性を持ち、また……観察する者の側で一切の利己心をできるだけ完全に捨て去るときにのみ可能である」（90）

関係ある人や集団を物理的、心理的に頼りにしている場合、どうしてもその陣営の意向に添って判断をしてしまことがあります。また、自分の利害を計算しているとき、どうしても自分に害がなく、有利になるように判断をしてしまうでしょう。こうして見ると、他人を正当に評価するには、自己の内面的ないくつかの性質を抑えるという、困難な作業がともなうことがわかります。

嫉妬と悪口

苦難や不遇の状況にあると、どうしても順調にいっているように見える他の人たちを羨み、そうした人たちも落ちてしまえばいいと思ってしまうこともあるでしょう。ヒルティによれば、そうした嫉妬心は、人間が、人生のどこかで、自己を知るために味わわなくてはならない感情です。

「**大きな苦難に会えば、人間の思想は必ずあらわれてくる。……人の苦しみをよろこぶ嫉妬心があらわれたり、……また人の難儀を平気で見て過ぎる冷淡さがあらわれたりする。こうした経験をみずから一生に一度も徹底的に味わったことのない人は、人間を知ることができない**」（**98-99**）

不遇の中、どうしても人の不幸を喜んでしまう性質が、自分のうちにあることを知らなければ、自己の一側面を認識することができません。また、自分がかりに恵まれた状況にあっても、他の人にそうした側面もあることを知らなければ、他の人の態度について見誤り、軽率な言動をしてしまうかもしれません。困難の中、人を妬む性質も自分の一部として経験することが、人間を知るということの一歩だとも言えます。

自分の思い通りにならない状態がつづくと、どうしても人を悪く言って、自分の不安や不満を和らげようとします。しかし、一時的な憂さ晴らしのための愚痴や真実のための批判ではなく、攻撃のための「悪口を好む癖は、悪い性格の確かなあわられ」と言われます(100)。一方で、人から悪く言われることについては、一定の効果があるとヒルティは述べます。

「人から悪く言われるのは辛いものだ。しかし、トマス・ア・ケンピスが言っているように、人からの悪口は『空しい名誉の魔の霧』からわれわれを守ってくれる」(132)

悪口を言われると、誰でも傷つきます。しかし、それは、人からの空しい誉れを追い続けてきた生活に歯止めがきくきっかけになるかもしれません。人によく思われたいとの欲求に取り憑かれると気づかないこととして、人からの評判はめまぐるしく移りゆく定かなものではないという点があります。悪口を言われるのは、自分にとって大切なものは何であったのかに気づくための辛い経験なのでしょう。私たちは、人生において、悪口を言う側に立つのか、言われる側に立つのか分岐点に立たされる瞬間もあるでしょう。

理想的な人間関係

いったいヒルティはどのような人間関係を最上のものとしているのでしょう。

「人との最上の関係はだいだい、会う人ごとに素朴な、自然な、誠実な親しみで接することから生じる。それは、たとえば大人の卑しさをまだ知らない、気立てのいい子供が持っているような親しみである。われわれはいろいろ苦い経験を積んだのちに、少なくともかなり年老いてから、そのような心境にふたたび戻ることができる」（118-119）

壮年期までの時期、日々の利害損益の計算に追われ、人との親しみのある交わりはなかなかできません。人の思惑もそれぞれの事情の中にあるため、表面の言動をそのまま受け止めることを躊躇することもあります。軽々しく飛び込んでいくことで、あとでそんなはずではなかったといったような後悔や不信の念を残すことにもなりかねません。それでも、ヒルティは、素朴で、親しみのある人間関係を目標にすべきだと言います。表面的な言動だけではない、ほんとうの気持ちを素のまま分かち合えるような瞬間を大切にすべきである、と。迷った場合、友に対しては、甲羅で固められた固い言葉ではなく、奥にある柔らかい言葉を発する方がいいと言えます。

教養のしるし

ヒルティは、真の教養のしるしとして、とくに、器量と落ち着きをあげている。

「真の教養の証拠は、……その人の器量が独特の大きさを加えることである。そうした器量は……真似することもできないものであって、これこそ実に教養の主要部分をなすものである」

「……真に教養のある人は、……焦燥からもまぬがれていて、自分の本質の最も深い個所で……落ち着いて」いる（162）

表面的な正誤で判断し、事柄の評価を断じるのではなく、関わる人のさまざまな事情や、人間の良くも悪くもある性質を熟知することで、物事を等身大に捉えられるような器量は、真の教養に基づきます。

沈鬱にあったり、いきすぎた高揚感にかられるのではなく、落ち着きも教養のしるしだと言われます。気分の浮き沈みとは別次元の奥深いところで、静かであるということです。気分の浮き沈みはどちらも刹那的なものであって、いきすぎた高揚感を追い求め続けると、そのあとに虚脱感に襲われてしまいます。深い落ち着きは、表層の急流の底で、動かない川床のようなものかもしれません。

ヒルティによれば、こうした教養は一朝一夕に身につくものなのではなく、生涯の目標として、紆余曲折を経ながらそこに到達すべきものなのです。

「真の教養は、……生長するものである。……なにか魔法の力で無理に素早くそれらを手に入れるということはできない。むしろ一度教養の道をこころざしたら、生涯それをつづけなければならない」(177)

どちらの方向に自分を方向づけようかと迷っているとき、つまり、事柄を表面的に断じたり、なによりも高揚感を求める方に自分を向けるのか、それとも多様な事情や清濁併せ持つ人間の性質を踏まえ、深い次元での落ち着きを求めるかで、人生の彩りは変わっていきます。後者は長い道のりですが、一歩一歩、たしかに頂上に向かっている道だと言えます。

その途上において、ヒルティは抑制すべきものと追い求めるべきものを振り分けていかなくてはならないと言います。たとえば、過度な贅沢を避け、さまざまな本を読むことを薦めます(cf.166,168)。その他、虚飾と法螺(ほら)にもとづくような「自己宣伝や大言壮語」も慎まなくてはなりません(169)。仕事については、勤労を進めると同時に、あまりに仕事ばかりに夢中になることの抑制も説きます。

「さらに教養に必要なものは勤労である。勤労は教養を得るためにぜひとも必要な手段であるばかりでなく、……怠惰は、……つねに教養とは正反対の、卑しい心掛けのしるしである」(169)

「しかし、あまりに仕事に奔走しすぎることも、怠惰と同じく、無教養のしるしであり、怠惰におとらず有害である。そういう狂奔ぶりが自発的なものであるかぎり、真の教養の二大敵である名誉心か、物欲から発しているのであって、これはその人が教養以外のものに最高の価値をおいていることを常に証明するものである」(170)

仕事やさまざまな課業は、生活にリズムをつくり、心身を活性化し、人に少しでも役に立てるための必要な機会です。そのことで、記憶や取り越し苦労に囚われるのを防いでくれます。しかしその一方で、仕事に囚われすぎるのも健全な状態ではありません。もし過度な名誉心や物欲がその動機になっているとしたら、教養に必要な性質をさまざまな機会に伸ばすことを妨げてしまいます。

ヒルティは「肉体的生活を過度に抑圧することも、たしかに内的進歩にとって一向利益にならない」（268）と言います。その一方で、富や名誉にまつわる、いきすぎた贅沢や刺激の強い享楽への欲求を鎮めることを勧めます。それは、そうすることで、これまで暮らしていた周りの世界を別の感覚で感じることができるようになるからです。

「……われわれはこうして享楽を断念すれば、しいて求めずともおのずから、美しい自然や、朝夕のさわやかな変化や季節の移り変わり、家庭生活、真の友情、高貴な芸術や学問、……さらには無邪気な動物の世界…をよろこぶようになるが、このような溌剌（はつらつ）とした感受力は、いまだそこなわれないたしかなしるしで」ある（268）

強く囚われていたものへの欲求が静まると、不思議にも、同じ環境の中にあっても、周りの世界が違った風に見えて、ささやかなよろこびが自然と生じてきます。

教養のための生活習慣を身につけるために、ヒルティは、噂や陰口の多い環境などもよくないと言います。

無教養のしるしとして避けなくてはならないことには、「たとえば、自分のことをやたらに話すこと、他人の私事を噂すること（陰口をきくこと）、……せっかちで、落ちつきがなく、激しやすい態度」などがある(173)。

他人のプライベートの事柄に関する噂や陰口は憂さ晴らしや面白おかしいといった面もあるかもしれませんが、そういったことがはびこる環境に身を置き続けると、時間とともにそうしたコミュニケーションが習慣化して、そうした快楽とは別の一見刺激の少ないものを追い求める気持ちが減じていきます。また、怒りなどで激しやすい状況を生業とするような環境に身を置き続けると、私たちは恐怖とは別の動機で行動を起こす気持ちがわからなくなっていきます。

以上のことを心掛け、教養という生涯の目標に向け、淡々と毎日の生活を送っていくと、徐々にではありますが、自分の周りの環境が変わっていきます。その環境のことをヒルティは次のように言います。

「……君がいよいよその目標に到達したとき、君を迎えるものは、羨望者やひそかな敵ではなくて、誠実な友人や同志……である」

「ひとはこのような人々とでなければ、真にやすらかに幸福に住むことはできない」(215)

愛と希望

ヒルティは、愛については語ることをやめた方がいいとも言います。それは、「誤解を招くだけ」だからです。せいぜい、「親切とか、一般的な好意とかについて話すだけにしたほうがいい」と(95)。しかし一方で、死を前にしたとき、ヒルティは愛という言葉を持ち出します。

「……人間的な好悪の感情に基づく愛情よりもいっそう強力な愛の力が必要である」

「……このより強力な愛の力こそ、おそらく……死をも克服する要素である」(232 - 233)

「こういう愛の力は、……時折(ときおり)ひどく弱りがちな人に宿って、あらゆる心身の障害に対抗して目覚ましい威力を発揮することがある。だから、こうした愛の力こそ、

おそらくは、人格の生命の不滅な部分であろう」（232-233）

家族や友人等が死を前にするとき、別れのために深い悲しみを味わうときがあります。そのようなとき、哲学も宗教もなんの力にもならないように感じるでしょう。そうしたとき、ヒルティは、唯一希望を見出しうるのは、愛の力だと言います。それは、単なる好悪の感情にもとづく愛情とは違った、いわば自分を超えていく力なのかもしれません。相手の魂の平和を祈って、やすらかに旅立つことを望めるのは、愛の力のなすわざです。別れの悲しみの中で、深い闇に陥ってしまっているとき、相手の魂がやすらかに旅立っていけることを望むことに、希望の光を見出せることがあります。

第5章

他罰志向の人間関係の変化

アビラのテレジアの神秘思想

罪悪感

私たちは、日々の暮らしにおいて、人にどう思われるか、なにを言われるかを気にして生きています。しかし、スペインの神秘家であるテレジア（Teresia Abulensis, 一五一五〜一五八二）は、ひとり神の前に自分の罪を告白することの意味を問います。

「私たちの目には過失と見えて、しかも実際にはそうではないようなことに、聖主は重要性をおかれぬことを、私たちはよく納得すべきです。神は私たちのみじめさや卑しい本性を、私たち自身よりもっとよく知って」おられます（『自叙伝』より〔以下、同様〕、126）

世間の基準とは別の計りの世界がありうることを、毎日の生活に忙殺されているとき、気づくことはできません。人生の一定の時期、世間のために、世間に合わせて生きていくことは必要でしょう。しかし、それとは別の次元でのこちらの本性を知ってくれている存在の前で、ひとり立つ瞬間もあっていいのかもしれません。そこでは、こちらから何を申すまでもなく、なにかを隠し立てすることもできません。

そのようなとき、自分はすべての被造物中、最も弱い最も悪いものと感じられます。自分の中に取り繕うことができない、罪深き性質があることに気づかされると、もうなにも申しひらきもできません。しかし、その瞬間、これまで味わったことのないような許しの光に照らされると言います。

「主はその至高のご寛容のゆえに、私の大きな罪ではなく、たびたび私が起こした、主にお仕えしようとの望みと、それらを実現するための力を自分に感じないのを見ておぼえた苦しみをごらんになっていました」（81）

惨めな私であっても、ときに私欲や自分の立場を離れて、よかれと思って善事をおこなおうとしたことがあったかもしれません。しかし、「世間的な虚栄や快楽」（84）の流れに逆らえない気の弱さのために挫折したこともあるでしょう。テレジアの言う許しの瞬間とは、罪深い自分が大きな力の中で、許され、自分の中に隠れている善意が認められる瞬間であるとも言えます。

他罰志向と徳

テレジアは、他の人の置かれている事情も、内面も十分には知りえないにもかかわらず、その人の「罪やあやまち」の方に、ことさらに自分の注意を向ける誘惑を諌めます。

「またもう一つの誘惑があります。……それは隣人の罪やあやまちを悲しむことです。」そうした誘惑は、「ただちにそれ〔隣人の罪やあやまち〕を矯正したいと思います」（142‐143）

他の人の欠点を嘆いてそれを正そうとする姿勢がやっかいなのは、それが一見、徳であると思い込まれている点にあります。

他人の欠点に注視する姿勢の「いちばん大きな損害はそういうことがみな、徳であり、神に対する大きな奮発心だと思い込むことです」（143）

テレジアはとくに修道院内で起こる事象について描写していますが、それを拡げて考えれば、テレジアのこの言葉は、社会で、正義感に駆られて、なによりも他人の罪を発見して罰しようとすることこそが徳である、との思い込みに通じるかもしれません。

もちろん、人が過ちを犯した場合、あらためるよう注意をしたり、対処する必要があるでしょう。しかし、ことさらにそういうことをさがしまわる誘惑にしたがい続けると、本人のこころの平和が失われるだけではなく、集団の平和も失われます。

「それで隣人のうちに、いつもその徳と善業としか見ないようにつとめ、そして彼らの欠点よりも、むしろ私たちの大きな罪を思いましょう。この実践は、最初はごく不完全であっても、次第に、すべての人を自分よりも尊重させる堅実な徳へと私たちを導きます」(143)

テレジアの言う徳とは、他人のあらをさがして正そうとする点にあるのではなく、まずなによりも自分をよりよくすることに専念することにあります。そうした姿勢が徐々に習慣化すると、真っ先に自分のことを優先するのではなく、他の人の事情を慮って、理解を示したり、ときに譲(ゆず)ったりする徳への堅実な道を歩むことができます。

さまざまな楽しみ

テレジアはなにも四六時中自分のいたらなさに右往左往すべきだと言っているのではあ

りません。自分を責めすぎることをむしろ諌めています。

**「……また私たちの霊魂をその力以上のことをさせようとして絶えず責めたてても
なりません」（127）**

なにも無理なことまでするように求められていません。いっそうよくなるために、できることをできる範囲ですることしか求められていません。そして、日々の生活を楽しむことも大切です。

「……会話のうちに気晴らしを求めてもよく、あるいは、田舎の空気を呼吸しに出かけてもよろしいでしょう」（127）
「……本を用いるのはよいことです。また私にとってたいへん助けとなったことは、田園や、水や、花を見ることでした」（100）

可能な範囲で、楽しみを味わうことは、心身に清涼感、活力を与えてくれます。運動、芸術、アウト・インドアの活動、おしゃべり、散歩、お出かけ、食事、旅行、ショッピング……、人によりさまざまな楽しみがあります。そうしたひとときを大切にして、そのためにできることには積極的、主体的に行動を起こしていきたいものです。

謙遜

自分をことさらに卑下することはよい実りを結びません。テレジアは、四六時中反省し、自分を貶(おとし)めることを求めていません。

「自らについて恥じいる心などを刺激するために多くの省察を苦心して求める必要はありません」(174)

人前で反省して、自らを改め、慎重に暮らしていくことは重要です。しかし、テレジアによれば、そもそもすべてをお見通しの神は、人間の考える悟性の力ではおよびもつかない尺度で私たちを見ています。むしろ自分では「どうしてよいかわからぬ」（99）ほど、神を信頼して、自分を差し出してしまうと、人前で反省して謙る心持ちとは違った次元で、謙遜の念が生じてくると言います。

「主は私たちが、自分の貧弱な考察によって獲得できるような謙遜とは非常に異なった謙遜を、私たちの心にいれてくださいます」（174）

テレジアは人前で反省する卑下とは異なる、私たちの内面のすべてを知っている、神の前での真の謙遜についての描写を続けます。

「彼が自らこの神的太陽をながめますと、その光の前に目をくらまされてしまいます。そして彼が自分をながめますと、自分のみじめさの泥が目をおおって、小さな

鳩は盲目になってしまいます。……彼が真の謙遜を獲得するのは、ここです、自分のことをよく言われようと、そんなことは気にいたしません」(241)

「別に自分では望まないのに、世間の事物に対しては目を閉じられており、しかも他方では、真理をよくわかるように開かれているのです」(241-242)

自分の底なしの闇の中で、神的光をながめると、自分のみじめさを痛感すると同時に、周囲での評判に右往左往するのとは違う次元に自分が立たされるとも言えます。おそらく人にどう言われるかによって決まる場所とは違った居場所があるのかもしれません。

こうした謙遜は、私たちを恐怖の中で、意気消沈させるのではなく、むしろ勇気づけると言われます。

「主は永遠のたすかりをうるであろうとの、謙遜と畏怖に満ちた確信によって霊魂を勇気づけ、ほどなく奴隷的恐れを霊魂から取り除き」ます(174-175)

いっさいを差し出し、大いなる存在の前に佇むと、あるべき言動を自分の力ではなしえない弱さを痛感するとともに、恐怖にかられ意気消沈していたこころに、あらたな力が与えられます。そして、「個人的利害」（175）の問題から解き放たれ、奥に隠れていた意志を実行しようとの勇気が与えられます。テレジアはキリスト教の神を念頭に置いて語っていますが、私たちの生活では、この事象は、たとえば、大自然のいのち、美的世界といった自分の力を超える働きを体験する瞬間にも当てはめて考えることもできるでしょう。

考えすぎること

それにしても、私たちの悟性は、怒り、心配事や不安、後悔などに苛まされ、あれこれと考えることをやめません。そうしたとき、テレジアは、悟性の動きをおさめようと四苦八苦するのではなく、そうした動きを放置して、謙遜のなかで奮い立つ意志が求めることにいそしむことを勧めます。

「意志は自分が言っている真理をよく悟っていますように、またぐるぐるまわるひき臼にすぎない悟性を気にかけませんように」「意志のなしうるいちばんよいことは、悟性をしてさ迷うにまかせておいて、それを追求しないことです」(168)

表現

私たちは、人前で表現しようとするとき、どう思われるか、非難されないかをなによりも意識してしまうので、どうしても自分の表現したいことを表に出さなかったり、防衛的言い回しを使って表現してしまいます。テレジアは教会のミサの説教を例に出して、次のように叙述します。

「説教師がた自身でさえ、人の気に逆らわぬように、彼らの説教をじょうずにつくり上げることに努力しています。彼らの意向も、そして彼らのわざも、たぶんよいのでしょう。けれど、それによってわずかの改心しか行なわれません。……説教師がたはあまりにも慎重すぎます。彼らは人間的慎重さを捨てず、使徒たちを燃え立たせていた、かの神愛の大きな火を持っていません。それゆえ、彼らの炎は、わずかの熱しか与えません」(183)
「世間の掟に従って生活し、行動する義務を一つの隷属とみなすようになります時、なんと大きな自由を享有することになることでしょう!」(184)

なにも使徒たちの振る舞いまでをテレジアは私たちに要求してはいないでしょう。しかし少しでも、勇気をもって、圧力にくじけずに、自分の思いの一端を表現できればいいのかもしれません。こころのどこかで、慎重さに縛られている状況とは違った状況がありうるのだということは信じていいのかもしれません。

友情

大切な人との関係においても、単に世間の物差しで評価したり、言葉を発したりしてしまうことがあります。世間の縮図の中に置かれたまま、身近な相手を扱ってしまうのです。テレジアは、友情はそうした世間の誉れや金銭的な損得への囚われから一歩離れたところに成立すると言います。

「彼〔霊魂〕は、面目(めんぼく)などというものを気にしていた時代を、また世間が名誉と呼んでいるものを、そうと見なした錯誤を心苦しく思います。彼は、それがはなはだしい虚偽であって、私たちはみなそのなかに沈んでいることがわかります」(239)

「もしも名誉と金銭の問題が決定的に追放されてしまったら、すべての人々は相互関係において、どれほどの友誼(ゆうぎ)を示すことでしょう!」(240)

相手と友愛的関係を望むならば、もっぱら世間の物差しで相手を評価し、たんなる利害損得の動機で相手に近づくことは慎まなくてはならないのでしょう。かりにそうした友情関係が可能であるとしたら、そこには飾り気のない親しみと、笑いと、話しあい、助けあいがありうるのかもしれません。

最後の段階

テレジアが描写する姿を、もちろん、そうした心境にまだまだ至ってはいませんが、数あるうちのひとつの指標として思い浮かべるのはいいことかもしれません。テレジア自身、いま立っている地点から、囚われの段階にある自分や周囲の人々の人間像を振り返りながら叙述を続けます。

霊魂の置かれている状況は、「策略や二心（ふたごころ）で満ちているような世間とはまったく

違います」(243)

「……私たちがどんなに深い錯誤のうちに沈んでいるか、どんな盲目のうちに生きているかを自らの目で見ます」(246)

「……自分がもう足もとに踏みにじってしまった名誉に関することなどを、……修道者までが、大きな問題にしているのを見る時、心の中で笑います。他人を益するためには、慎重にふるまい、自分の地位の威厳を保たなければならないと人は言います」(250)

最後の段階に至ることは一見困難に思えますが、そこに至るため、テレジアはなにも特別な行為ではなく、自分の所有物を献げる覚悟だけが問われると言います。

「……あなた〔神〕は私をわざのために用いることをお欲みになりません。私があなたになしうる奉仕のすべては言葉と望みにあるのみ」です(246-247)

「私の命、私の名誉、私の意志はここにあります。私はそのすべてをあなたにささげました」

「……自分のなしうることはわずかであることがよくわかります」（247）

特別な行為ではなく、自分のものとしがみついていたものへの執着心を、自分を超えた存在（それは、なにもキリスト教の神だけではなく、宇宙やいのちの根源と言ってもいいかもしれません）に差し出す覚悟だけが問われると言います。

しかも、そうした瞬間は、テレジアによれば、「いろいろの用務や、迫害や、試練など」（262）のときに現われます。そのような苦難のとき、自分を超えた存在が近くにいるのを感じるからだと言われます。

「それでいろいろの用務や、迫害や、試練などにあたって、……キリストこそ、まことのよい友でいらっしゃいます。……人間としての弱さや苦しみのうちにいられる彼を見ます」（262）

「私がこれからお話する著しいお恵みは、私が自分の極度のみじめさを見て恥じ

「いっていた時以外には、その一つでもいただいた覚えがありません」（263）

トラブル等で自分のふがいなさを痛感すると同時に、周囲からも責めたてられる渦中にあって、また、自分の立場を追われたり、強権によって不条理な扱いを受けたり、また病気、事故、災害等によってさまざまな試練に襲われる瞬間、自分の弱さと苦しみの感情の波がとめどなく押し寄せてきます。そのようなとき、近くにいてくれる存在（自然の霊、祖先の霊と言っていいかもしれません）が私たちをふっとひとつうえに引き上げてくれるのでしょう。

人間関係の変化

いったん真理に触れた身になったとき、以前の自分の置かれていた状況が、どんなに錯誤と盲目のなかにあったかを痛感することがあるでしょう。しかし、日常生活に翻弄されている私たちは、テレジアの描く心境にはなかなか到達しがたいです。その一方で、テレジア自身も、いまの自分がふたたび以前のような交渉の世界に戻っていかざるをえないとき、それは苦痛であると述べています。

「ああこの状態に達した霊魂にとって、世間との交渉にふたたびもどり、現世といういかにもへたな道化芝居の見物人にならなければならないこと……は、どれほどつらいでしょう」(247)

この地上で暮らすかぎり、まったくの自由の身になることは不可能です。行ったり来たりの生を続けていかなくてはなりません。

ただし、テレジアは真理を悟った段階に至ってからは、人づき合いにおいても変化があったと言います。以前は苦痛の種であったような人間関係においても、こころがさほど乱されなくなったと言います。

「……私のすべての禍いは終わりました。……いつもは私の気を散らかせた人々といっしょにいたり、危険な機会のなかにあっても、まるで、そういうところにいなかったかのようで、通常私を悪に引きずっていたことが、かえって助けとなるようにしてくださいました」(251)

「……この霊魂はあらゆる種類の人々とつき合うことができます。彼らがどれほど軽佻(けいちょう)で悪戯だらけでありましょうとも、この霊魂はそのために少しも乱されず、少しも動揺いたしません。かえって、……彼はそこから刺激と、たいへん大きな利益をうる手段を受けます。いまこそ彼は、……強い霊魂となったのです」(252)

テレジアは隠遁して、隠れる生を求めていません。たとえ、ひとり神の前で執着していたものを差し出し、こころが新たな光に照らされる段階に至ったとしても、ふたたび人々の中に入っていくことを求めます。その入り口においては嫌な感情がまたもたげるかもしれませんが、さらに一歩踏み出すと、以前とは違った心持ちで人々と接している自分に気づかされると言います。いまでは、こころが乱されたり、動揺したりしない、と。私たちには、とうてい近づきえない心境にも思われますが、その第一歩は、真の謙遜を目指す途上で、世間とは違う次元において不思議と許され、力を与えられるという経験なのでしょう。

引用・参考文献

ヒルティ著『幸福論（第二部）』草間平作・大和耕太郎訳、岩波書店、1962年。一部ルビを追加。

Meier, Georg Friedrich: *Auszug aus der Vernunftlehre*, Halle 1752 [wiederabgedruckt in: *Kant's gesammelte Schriften*, hrsg. v. der Königlich Preußischen Akademie der Wissenschaften, Bd. XVI, S. 3-872]（＝『論理学綱要』）.

Meier, Georg Friedrich: *Vernunftlehre*, Halle 1752（＝『大論理学』）.

Scheler, Max: *Der Formalismus in der Ethik und die materiale Wertethik*, Gesammelte Werke, Bd.2, Francke Verlag: Bern, [4]1954 ([1]1913-16).『マックス・シェーラー著作集3』小倉志祥訳、白水社、1980年。

Scheler, Max: *Vom Umsturz der Werte*, Gesammelte Werke, Bd.3, Francke Verlag: Bern, [5]1972 ([1]1915).『マックス・シェーラー著作集4』林田新二、新畑耕作訳、白水社、1977年。

Scheler, Max: *Schriften zur Soziologie und Weltanschauungslehre*, Gesammelte Werke, Bd.6, Francke Verlag: Bern, [2]1963 ([1]1923).『シェーラー著作集9』飯島宗享、駒井義昭、河上正秀、梅本信介、山田全紀訳、白水社、1977年。

Stein, Edith: *Beiträge zur philosophischen Begründung der Psychologie und der Geisteswissenschaften*, Edith Stein

Gesamtausgabe, Bd.VI, Verlag Herder: Freiburg im Breisgau, Neudruck 2010 ([1]1922).

Stein, Edith: *Endliches und ewiges Sein. Versuch eines Aufstiegs zum Sinn des Seins*, Gesamtausgabe, Bd.11/12, Verlag Herder: Freiburg im Breisgau, Neudruck 2006 ([1]1950).

Stein, Edith: *Kreuzeswissenschaft*, Edith Steins Werke, Bd.I, Verlag Herder: Freiburg im Breisgau, [3]1983 ([1]1953).

Stein, Edith: *Der Aufbau der menschlichen Person. Vorlesung zur philosophischen Anthropologie*, Gesamtausgabe, Bd.14, Verlag Herder: Freiburg im Breisgau, 2004.

テレジア（アビラの）：『イエズスの聖テレジア自叙伝』東京女子カルメル会訳、サンパウロ、1960年。一部ルビを追加。

船木祝：『カントの思考の漸次的発展――その「仮象性」と「蓋然性」』、論創社、2020年、とくに第10節、第11節、第13節、第15節。

船木祝：『響き合う哲学と医療』、中西出版、2020年、とくに、第1章、第7章、第8章。

おわりに

二〇二〇年、拙著『カントの思考の漸次的発展――その「仮象性」と「蓋然性」』論創社、『響き合う哲学と医療』中西出版の刊行後、さまざまな読者層のためにもう少しわかりやすく、哲学・宗教の言葉を紹介できたらと思い、エッセイ風の文章を書き始めました。くしくも、新型コロナウイルス感染症拡大下において、哲学・宗教者の言葉を反芻する日々となりました。これまでとくに高齢者のために、人とのつながりの重要性を唱えてきた社会は、一転、社会的交わりの機会の休業・休止・自粛・制限の方向に舵をとりました。私たちは、病という苦難、生活のゆくえの見通しのなさからくる不安、孤独、不信等、さまざまなこころの揺れ動きを経験しました。このような苦難に見舞われた状況下において、なにか私たちにとっての導きの糸がこうした思想家の言葉に隠れていないかと模索しました。

苦悩の底を見据えた上で、日々の暮らしの支えになるような言葉が見つかるよう心がけました。選んだ言葉は、私自身の哲学思索の軸になってきた言葉、また、これまでの人生の紆余曲折の中で支えになってきた言葉です。

「はじめに」にも書きましたが、不確実な状況下では、絶対確実な真理を伝達することはできません。確実性に向かって一歩一歩前進することも必要ではありますが、その一方で、各人がさまざまな思想家の言葉をみずからの思索のための参考にしていただければ幸いです。

論文を書くのとはちがった、言葉を嚙み砕いていく作業に苦心しました。まだまだ至らない点も多々あるかと存じますが、こうした経験も積み重ねていければと考えております。

最後に、励ましのお言葉をくださった先生方、支えてくださったすべての方々に心からお礼を申し上げます。

本書の作成にあたり、文章のチェックをしていただいた夏井坂明日香様に深く感謝いたします。

論創社の南雲智顧問と、森下紀夫社長には、本書出版にあたり大変お世話になりました。心からお礼を申し上げます。

令和3年9月

船木　祝

【著者略歴】

船木　祝（ふなき　しゅく）
1963年生まれ。学習院大学人文科学研究科哲学専攻博士後期課程単位取得退学。トリーア大学 Ph. D.（哲学）。現在、札幌医科大学医療人育成センター准教授。哲学、倫理学専攻。著書に『教養としての生命倫理』（共著、2016年、丸善出版）、『サイエンスとアートとして考える生と死のケア――第21回日本臨床死生学会大会の記録』（共著、エム・シー・ミューズ、2017年）、『響き合う哲学と医療』（中西出版、2020年）、『カントの思考の漸次的発展』（論創社、2020年）、翻訳担当に『尊厳と社会（上）』（法政大学出版、2020年）ほか。

55歳からの哲学・宗教の言葉
カント、シェーラー、シュタイン、ヒルティ、アビラのテレジア

2021年12月20日　初版第1刷印刷
2021年12月30日　初版第1刷発行

著　者　船木　祝
発行者　森下紀夫
発行所　論 創 社
東京都千代田区神田神保町2-23　北井ビル（〒101-0051）
tel. 03（3264）5254　fax. 03（3264）5232　web. http://www.ronso.co.jp/
振替口座　00160-1-155266
装幀／宗利淳一
印刷・製本／中央精版印刷　組版／フレックスアート
ISBN978-4-8460-2109-2　